www.kidkiddos.com
Copyright ©2014 by S.A. Publishing ©2017 KidKiddos Books Ltd.
support@kidkiddos.com

All rights reserved. No part of this book may be reproduced in any form or by any electronic or mechanical means, including information storage and retrieval systems, without written permission from the publisher, except in the case of a reviewer, who may quote brief passages embodied in critical articles or in a review.
First edition, 2020

Translated from English by Margarida Madeira
Traduzido do Inglês por Margarida Madeira
Portuguese editing by Andreia Reis
Edição em português por Andreia Reis

Library and Archives Canada Cataloguing in Publication
Being a Superhero (Portuguese Portugal - English Bilingual Edition)/ Shelley Admont
ISBN: 978-1-5259-2021-9 paperback
ISBN: 978-1-5259-2022-6 hardcover
ISBN: 978-1-5259-2020-2 eBook

Please note that the Portuguese and English versions of the story have been written to be as close as possible. However, in some cases they differ in order to accommodate nuances and fluidity of each language.

Para os que Mais Amo-S.A.
For those I love the most-S.A.

- Olha para a quantidade de brinquedos novos que eu tenho – disse Jimmy, o pequeno coelhinho, olhando ao redor da sala.
"Look at how many new toys I have," said Jimmy the little bunny, looking around the room.

A sua festa de aniversario tinha terminado e o quarto estava cheio de
presentes.
His birthday party was over and the room was full of presents.

- Ah, a tua festa de aniversário foi tão divertida, Jimmy – disse o seu irmão do meio.
"Oh, your birthday party was so fun, Jimmy," his middle brother said.

- Vamos brincar – disse o seu irmão mais velho. Ele pegou na caixa maior.
– Há um comboio gigante aqui dentro!
"Let's play," said his oldest brother. He took the largest box. "There's a huge train inside!"

De repente, o Jimmy pulou, pôs-se de pé e agarrou a caixa. – Não toques! É o meu comboio! – chorou. – Todos estes presentes são MEUS!
Suddenly, Jimmy jumped to his feet and grabbed the box. "Don't touch it! It's my train!" he cried. "All these presents are MINE!"

- Mas, Jimmy – disse o irmão mais velho – nós brincamos sempre juntos. O que aconteceu contigo hoje?
"But, Jimmy," said the oldest brother, "we always play together.
What happened to you today?"

- Hoje é o MEU aniversário. E estes são os MEUS brinquedos – gritou o Jimmy.
"Today is MY birthday. And these are MY toys,"
Jimmy screamed.

- É melhor irmos jogar basquetebol – disse o irmão mais velho. Olhou de relance pela janela. – Hoje está um dia bonito e solarengo.

"We better go play basketball," said the oldest brother. He glanced out the window. "It's nice and sunny today."

Os dois irmãos coelhinhos pegaram numa bola e foram lá para fora. O Jimmy ficou sozinho no seu quarto.
The two bunny brothers took a ball and went outside. Jimmy stayed in the room on his own.

- Boa! – Exclamou. – Agora todos os brinquedos são para mim! Posso fazer aquilo que eu quiser!
"Yeah!" he exclaimed. "Now all the toys are for me! I can do whatever I want! "

Pegou numa caixa grande e abriu-a alegremente. Dentro, encontrou um caminho-de-ferro e um comboio novo e colorido. Apenas precisava de montar o caminho-de-ferro.
He took a large box and opened it happily. Inside he found a rail trail and a new colorful train. He just needed to put the rail trail together.

- Oh, estas peças são demasiado pequenas! – Disse ele, segurando os pedaços do caminho-de-ferro. – Como devo juntá-las?
"Oh, these pieces are too small!" he said, holding the rail trail parts. "How should I connect them together?"

De alguma maneira, ele construiu a linha do comboio, mas ficou torta. Quando finalmente ligou o seu novo comboio colorido, este ficou preso na pista.
Somehow he built the rail line, but it came out crooked. When he finally turned on his new colorful train, it got stuck on the track.

O Jimmy olhou em volta e viu uma outra caixa.
Jimmy looked around and spotted another box.

- Não há problema. Tenho mais brinquedos novos. – Disse ele, e pegou noutro presente. Dentro, estavam super-heróis de brincar.
"No worries. I have more new toys," he said and took another present. Inside there were superhero toys.

- Uau! – Exclamou o Jimmy. Começou a correr pelo quarto com os novos super-heróis de brincar nas mãos.
"Wow!" exclaimed Jimmy. He started to run around the room with new superhero toys in his hands.

Depressa ele ficou cansado e aborrecido. Experimentou tudo. Brincou com o seu ursinho de peluche favorito e abriu mais presentes, mas não foi nada divertido.
Soon he became tired and bored. He tried everything. He played with his favorite teddy bear and he even opened all his presents, but it was not fun at all.

O Jimmy olhou pela janela e viu os seus irmãos a brincarem alegremente com a sua bola de basquete. O sol brilhava vivamente, e eles estavam a rir e a divertirem-se.
Jimmy watched through the window and saw his brothers playing cheerfully with their basketball. The sun was shining brightly, and they were laughing and enjoying themselves.

- Como é que eles estão a se divertir tanto? Eles só têm uma bola de basquete. – Disse o Jimmy. – Todos os outros brinquedos estão aqui comigo.
"How are they having so much fun? They only have one basketball!" said Jimmy. "All the other toys are here with me."

Foi então que ele ouviu uma voz estranha.
Then he heard a strange voice.

- Eles PARTILHAM. – Disse a voz.
"They SHARE," it said.

O Jimmy olhou em redor do quarto, olhando fixamente para a sua cama onde estava o seu ursinho de peluche. A voz vinha daí. - O quê?
– Sussurrou.
Jimmy looked around the room, staring at his bed where his teddy bear sat. The voice came from there. "What?" he whispered.

- Eles partilham. – Repetiu o ursinho de peluche, com um sorriso.
"They share," repeated his teddy bear with a smile.

O Jimmy olhou para ele espantado. Ele nunca pensou que partilhar podia ser divertido.
Jimmy looked at him amazed. He never thought that sharing could be fun.

Ele abanou a cabeça. – Não... Eu não gosto de partilhar. Eu adoro os meus brinquedos.
He shook his head. "No...I don't like to share. I love my toys."

- Experimenta. – Insistiu o ursinho de peluche.
– Apenas experimenta.
"Try it," insisted his teddy bear. "Just try it."

Entretanto, o tempo mudou. Nuvens escuras cobriram o céu e grandes gotas de chuva começaram a cair no chão.
Meanwhile the weather changed. Dark clouds covered the sky and large raindrops started falling to the ground.

A rir, os dois irmãos coelhinhos correram para dentro de casa.
Laughing, the two bunny brothers ran into the house.

- Ah, estão todos molhados. – Disse a Mãe. – Vão mudar de roupa e eu faço-vos um chocolate quente.
"Oh, you're all wet," said Mom. "Go change your clothes and I'll make you hot chocolate."

- Anda, Jimmy, também queres um chocolate quente? – Perguntou.
O Jimmy acenou.
"Come, Jimmy, do you want hot chocolate too?" she asked. Jimmy nodded.

A Mãe abriu o frigorífico para tirar o leite. – Olha, sobrou um pedacinho do teu bolo de aniversário.
Mom opened the fridge to grab the milk. "Look, there's a small piece of your birthday cake left."

O Jimmy pulou e pôs-se de pé. – Sim, posso comê-lo? Estava tão saboroso!
Jimmy jumped to his feet. "Yeah, can I have it? It was so tasty!"

Nesse momento, os seus irmãos entraram na cozinha.
At that moment, his brothers entered the kitchen.

- Falaste em bolo? – Perguntou o irmão do meio.
"Did you say cake?" asked the middle brother.

- Eu queria uma fatia. – Acrescentou o irmão mais velho.
"I'd like a piece," added the oldest brother.

O pai seguiu-os. – Isto é um... bolo de aniversário?
Their father followed them. "Is this a...birthday cake?"

A Mãe sorriu suavemente. – Ah... Na verdade, sobra uma fatia pequenina.
E nós somos cinco.
Mom smiled softly. "Ahh...there is actually a tiny little piece left. And there are five of us."

O Jimmy olhou para a sua amorosa família e teve uma sensação calorosa a espalhar-se no seu coração. Ele sabia o que tinha a fazer e isso soube-lhe tão bem.
Jimmy looked at his loving family and felt a warm feeling spread from his heart. He knew what he needed to do and it felt so good.

- Podemos partilhar. – Disse ele. – Vamos cortá-la em cinco pedaços.
"We can share," he said. "Let's cut it into five pieces."

Todos os membros da família de coelhinhos acenaram com a cabeça. Depois, sentaram-se à volta da mesa e toda a gente disfrutou de um pedaço de bolo de aniversário e de um chocolate quente.
All the members of the bunny family nodded their heads. Then they sat around the table and everyone enjoyed a piece of birthday cake and a hot chocolate.

O Jimmy olhou de relance para as caras sorridentes e pensou: Afinal de contas, partilhar pode ser bom.
Jimmy glanced at their smiling faces and thought, Sharing can actually feel very nice after all.

Quando terminaram, a Mãe aproximou-se do Jimmy e deu-lhe um abraço enorme. – Feliz aniversário, querido. – Disse ela.
When they finished, Mom came to Jimmy and gave him a huge hug. "Happy birthday, honey," she said.

Os dois irmãos mais velhos e o seu pai juntaram-se e partilharam um abraço em família.
The two older brothers and their dad gathered around them and shared
the family hug.

- Feliz aniversário, Jimmy! – Gritaram em conjunto.
"Happy birthday, Jimmy," they screamed together.

O Jimmy sorriu. – Querem brincar com os meus brinquedos? – Perguntou aos seus irmãos. – Tenho um comboio e super-heróis novos.
Jimmy smiled. "Do you want to play with my toys?" he asked his brothers. "I have a new train and new superheroes."

- Sim! Vamos brincar! – Gritaram os irmãos coelhinhos.
"Yeah! Let's play!" shouted the bunny brothers.

Juntos, o Jimmy e os seus irmãos, construíram um caminho-de-ferro perfeito. O comboio apitou e andou veloz à volta da pista.
Together Jimmy and his brothers built a perfect rail trail. The train whistled and ran fast around the track.

Depois, abriram o resto dos presentes e brincaram com todos os seus brinquedos.
Then they opened the presents and played with all their toys.

Daí em diante, o Jimmy passou a adorar partilhar. Até disse que partilhar é divertido.

From then on, Jimmy loved to share. He even said that sharing is fun.

www.ingramcontent.com/pod-product-compliance
Lightning Source LLC
Chambersburg PA
CBHW061132070526
44584CB00033B/4299